FOREWORD

The collection of "Everything Will Be Okay" travel phrasebooks published by T&P Books is designed for people traveling abroad for tourism and business. The phrasebooks contain what matters most - the essentials for basic communication. This is an indispensable set of phrases to "survive" while abroad.

This phrasebook will help you in most cases where you need to ask something, get directions, find out how much something costs, etc. It can also resolve difficult communication situations where gestures just won't help.

This book contains a lot of phrases that have been grouped according to the most relevant topics. You'll also find a mini dictionary with useful words - numbers, time, calendar, colors...

Take "Everything Will Be Okay" phrasebook with you on the road and you'll have an irreplaceable traveling companion who will help you find your way out of any situation and teach you to not fear speaking with foreigners.

TABLE OF CONTENTS

T&P Books Publishing

PRONUNCIATION

Letter	Chinese example	T&P phonetic alphabet	English example
a	tóufa	[a]	shorter than in ask
ai	hǎi	[aɪ]	tie, driver
an	bèipàn	[an]	transport, stand
ang	pīncháng	[ɑ̃]	nasal [a]
ao	gǎnmào	[aʊ]	now, down
b	Bànfǎ	[p]	pencil, private
c	cǎo	[tsh]	let's handle it
ch	chē	[tʃh]	hitchhiker
d	dīdá	[t]	tourist, trip
e	dēngjì	[ɛ]	man, bad
ei	běihǎi	[eɪ]	age, today
en	xúnwèn	[ə]	driver, teacher
eng	bēngkuì	[ə̃]	nasal [e]
er	érzi	[ɛr]	arrive, corporation
f	fǎyuàn	[f]	face, food
g	gōnglù	[k]	clock, kiss
h	hǎitún	[h]	home, have
i	fēijī	[iː]	feet, meter
ia	jiā	[jɑ]	young, yard
ian	kànjiàn	[jʌn]	young
ie	jiéyuē	[je]	yesterday, yen
in	cónglín	[iːn]	teen, to keep
j	jīqì	[tɕ]	cheer
k	kuàilè	[kh]	work hard
l	lúnzi	[l]	lace, people
m	hémǎ	[m]	magic, milk
n	nǐ hǎo	[n]	name, normal
o	yībō	[ɔ]	bottle, doctor
ong	chénggōng	[ũ]	nasal [u]
ou	běiměizhōu	[ɔʊ]	rose, window
p	pào	[ph]	top hat
q	qiáo	[tɕh]	cheer
r	rè	[ʒ]	forge, pleasure
s	sàipǎo	[s]	city, boss
sh	shāsǐ	[ʃ]	near [ch]
t	tūrán	[th]	don't have
u	dáfù	[u], [ʊ]	noodles, mango

Letter	Chinese example	T&P phonetic alphabet	English example
ua	chuán	[ua]	quantum
un	yúchǔn	[uːn], [ʊn]	moon, one
ü	lǚxíng	[y]	fuel, tuna
ün	shēnyùn	[jun]	uniform
uo	zuòwèi	[uɔ]	to order, to open
w	wùzhì	[w]	vase, winter
x	xiǎo	[ɕ]	sheep, shop
z	zérèn	[ts]	cats, tsetse fly
zh	zhǎo	[dʒ]	joke, general

Comments

First tone (high-level tone)
In the first tone, the pitch of your voice remains constant and slightly high through the syllable. Example - mā

Second tone (rising tone)
In the second tone, the pitch of your voice raises slightly while pronouncing the syllable. Example - má

Third tone (low-falling-raising tone)
In the third tone, the pitch of your voice goes down, and then goes back up in the same syllable. Example - mǎ

Fourth tone (falling tone)
In the forth tone, the pitch of your voice goes down sharply during the syllable. Example - mà

Fifth tone (neutral tone)
In the neutral tone, the pitch of your voice depends upon the word you are saying, but is normally said more briefly and softly than the other syllables. Example - ma

T&P Books Publishing

PHRASEBOOK

— CHINESE —

By Andrey Taranov

THE MOST IMPORTANT PHRASES

This phrasebook contains the most important phrases and questions for basic communication Everything you need to survive overseas

T&P BOOKS

Phrasebook + 250-word dictionary

English-Chinese phrasebook & mini dictionary

By Andrey Taranov

The collection of "Everything Will Be Okay" travel phrasebooks published by T&P Books is designed for people traveling abroad for tourism and business. The phrasebooks contain what matters most - the essentials for basic communication. This is an indispensable set of phrases to "survive" while abroad.

You'll also find a mini dictionary with 250 useful words required for everyday communication - the names of months and days of the week, measurements, family members, and more.

T&P Books Publishing
www.tpbooks.com

ISBN: 978-1-78492-406-5

This book is also available in E-book formats.
Please visit www.tpbooks.com or the major online bookstores.

LIST OF ABBREVIATIONS

English abbreviations

ab.	-	about
adj	-	adjective
adv	-	adverb
anim.	-	animate
as adj	-	attributive noun used as adjective
e.g.	-	for example
etc.	-	et cetera
fam.	-	familiar
fem.	-	feminine
form.	-	formal
inanim.	-	inanimate
masc.	-	masculine
math	-	mathematics
mil.	-	military
n	-	noun
pl	-	plural
pron.	-	pronoun
sb	-	somebody
sing.	-	singular
sth	-	something
v aux	-	auxiliary verb
vi	-	intransitive verb
vi, vt	-	intransitive, transitive verb
vt	-	transitive verb

CHINESE
PHRASEBOOK

This section contains
important phrases that may
come in handy in various
real-life situations.
The phrasebook will help
you ask for directions, clarify
a price, buy tickets, and
order food at a restaurant

T&P Books Publishing

PHRASEBOOK
CONTENTS

T&P Books Publishing

The bare minimum

Excuse me, ...
请问，…
[qǐngwèn, …]

Hello.
你好。 | 你们好。
[nǐ hǎo | nǐmen hǎo]

Thank you.
谢谢。
[xièxiè]

Good bye.
再见。
[zàijiàn]

Yes.
是的。
[shì de]

No.
不
[bù]

I don't know.
我不知道。
[wǒ bù zhīdào]

Where? | Where to? | When?
哪里？ | 到哪里？ | 什么时候？
[nǎlǐ? | dào nǎlǐ? | shénme shíhòu?]

I need ...
我需要…
[wǒ xūyào …]

I want ...
我想要…
[wǒ xiǎng yào …]

Do you have ...?
您有…吗？
[nín yǒu … ma?]

Is there a ... here?
这里有…吗？
[zhè li yǒu … ma?]

May I ...?
我可以…吗？
[wǒ kěyǐ … ma?]

..., please (polite request)
请
[qǐng]

I'm looking for ...
我在找…
[wǒ zài zhǎo …]

restroom
休息室
[xiūxí shì]

ATM
银行取款机
[yínháng qǔkuǎn jī]

pharmacy (drugstore)
药店
[yàodiàn]

hospital
医院
[yīyuàn]

police station
警察局
[jǐngchá jú]

subway
地铁
[dìtiě]

taxi	出租车 [chūzū chē]
train station	火车站 [huǒchē zhàn]

My name is ...	我叫··· [wǒ jiào …]
What's your name?	您叫什么名字? [nín jiào shénme míngzì?]
Could you please help me?	请帮助我。 [qǐng bāngzhù wǒ]
I've got a problem.	我有麻烦了。 [wǒ yǒu máfanle]
I don't feel well.	我感觉不舒服。 [wǒ gǎnjué bú shūfú]
Call an ambulance!	叫救护车! [jiào jiùhù chē!]
May I make a call?	我可以打个电话吗? [wǒ kěyǐ dǎ gè diànhuà ma?]

I'm sorry.	对不起。 [duìbùqǐ]
You're welcome.	不客气。 [bù kèqì]

I, me	我 [wǒ]
you (inform.)	你 [nǐ]
he	他 [tā]
she	她 [tā]
they (masc.)	他们 [tāmen]
they (fem.)	她们 [tāmen]
we	我们 [wǒmen]
you (pl)	你们 [nǐmen]
you (sg, form.)	您 [nín]

ENTRANCE	入口 [rùkǒu]
EXIT	出口 [chūkǒu]
OUT OF ORDER	故障 [gùzhàng]
CLOSED	关门 [guānmén]

OPEN	开门
	[kāimén]
FOR WOMEN	女士专用
	[nǚshì zhuānyòng]
FOR MEN	男士专用
	[nánshì zhuānyòng]

Questions

Where?
在哪里？
[zài nǎlǐ?]

Where to?
到哪里？
[dào nǎlǐ?]

Where from?
从哪里？
[cóng nǎlǐ?]

Why?
为什么？
[wèi shénme?]

For what reason?
为了什么？
[wèile shénme?]

When?
什么时候？
[shénme shíhòu?]

How long?
多长时间？
[duō cháng shíjiān?]

At what time?
几点？
[jǐ diǎn?]

How much?
多少？
[duōshǎo?]

Do you have …?
您有…吗？
[nín yǒu … ma?]

Where is …?
…在哪里？
[… zài nǎlǐ?]

What time is it?
几点了？
[jǐ diǎnle?]

May I make a call?
我可以打个电话吗？
[wǒ kěyǐ dǎ gè diànhuà ma?]

Who's there?
谁啊？
[shuí a?]

Can I smoke here?
我能在这里吸烟吗？
[wǒ néng zài zhèlǐ xīyān ma?]

May I …?
我可以…吗？
[wǒ kěyǐ … ma?]

Needs

I'd like ...	我想··· [wǒ xiǎng ...]
I don't want ...	我不想··· [wǒ bùxiǎng ...]
I'm thirsty.	我渴了。 [wǒ kěle]
I want to sleep.	我想睡觉。 [wǒ xiǎng shuìjiào]

I want ...	我想要··· [wǒ xiǎng yào ...]
to wash up	洗脸 [xǐliǎn]
to brush my teeth	刷牙 [shuāyá]
to rest a while	休息一会 [xiūxí yī huǐ]
to change my clothes	换衣服 [huàn yīfú]

to go back to the hotel	回旅店 [huí lǚdiàn]
to buy ...	去买 [qù mǎi]
to go to ...	去··· [qù ...]
to visit ...	去参观··· [qù cānguān ...]
to meet with ...	去见··· [qù jiàn ...]
to make a call	去打电话 [qù dǎ diànhuà]

I'm tired.	我累了。 [wǒ lèile]
We are tired.	我们累了。 [wǒmen lèile]
I'm cold.	我冷。 [wǒ lěng]
I'm hot.	我热。 [wǒ rè]
I'm OK.	我很好。 [wǒ hěn hǎo]

I need to make a call.

我需要打个电话。
[wǒ xūyào dǎ gè diànhuà]

I need to go to the restroom.

我要去厕所。
[wǒ yào qù cèsuǒ]

I have to go.

我必须得走了。
[wǒ bìxū dé zǒuliǎo]

I have to go now.

我现在得走了。
[wǒ xiànzài dé zǒuliǎo]

Asking for directions

Excuse me, ...

请问，···
[qǐngwèn, ...]

Where is ...?

···在哪里？
[... zài nǎlǐ?]

Which way is ...?

去···怎么走？
[qù ... zěnme zǒu?]

Could you help me, please?

请帮助我。
[qǐng bāngzhù wǒ]

I'm looking for ...

我在找···
[wǒ zài zhǎo ...]

I'm looking for the exit.

我在找出口。
[wǒ zài zhǎo chūkǒu]

I'm going to ...

我要去···
[wǒ yào qù ...]

Am I going the right way to ...?

这是去···的路吗？
[zhè shì qù ... de lù ma?]

Is it far?

那里远吗？
[nàlǐ yuǎn ma?]

Can I get there on foot?

我能走路去那里吗？
[wǒ néng zǒulù qù nàlǐ ma?]

Can you show me on the map?

能在地图上指出来吗？
[néng zài dìtú shàng zhǐchū lái ma?]

Show me where we are right now.

告诉我我们现在的位置。
[gàosù wǒ wǒmen xiànzài de wèizhì]

Here

这里
[zhèlǐ]

There

那里
[nàlǐ]

This way

到这里来
[dào zhèlǐ lái]

Turn right.

右转。
[yòu zhuǎn]

Turn left.

左转。
[zuǒ zhuǎn]

first (second, third) turn

第一（第二、第三）个转弯
[dì yī (dì èr, dì sān) gè zhuǎnwān]

to the right

向右
[xiàng yòu]

to the left

向左
[xiàng zuǒ]

Go straight.

一直往前走。
[yīzhí wǎng qián zǒu]

Signs

WELCOME!
欢迎光临
[huānyíng guānglín]

ENTRANCE
入口
[rùkǒu]

EXIT
出口
[chūkǒu]

PUSH
推
[tuī]

PULL
拉
[lā]

OPEN
开门
[kāimén]

CLOSED
关门
[guānmén]

FOR WOMEN
女士专用
[nǚshì zhuānyòng]

FOR MEN
男士专用
[nánshì zhuānyòng]

MEN, GENTS
男厕所
[nán cèsuǒ]

WOMEN, LADIES
女厕所
[nǚ cèsuǒ]

DISCOUNTS
折扣
[zhékòu]

SALE
销售
[xiāoshòu]

FREE
免费！
[miǎnfèi!]

NEW!
新品！
[xīnpǐn!]

ATTENTION!
注意！
[zhùyì!]

NO VACANCIES
客满
[kè mǎn]

RESERVED
留座
[liú zuò]

ADMINISTRATION
行政部门
[xíngzhèng bùmén]

STAFF ONLY
员工通道
[yuángōng tōngdào]

BEWARE OF THE DOG! 当心有狗！
[dāngxīn yǒu gǒu!]

NO SMOKING! 禁止吸烟
[jìnzhǐ xīyān]

DO NOT TOUCH! 禁止触摸
[jìnzhǐ chùmō]

DANGEROUS 危险
[wéixiǎn]

DANGER 危险
[wéixiǎn]

HIGH VOLTAGE 高压危险
[gāoyā wéixiǎn]

NO SWIMMING! 禁止游泳
[jìnzhǐ yóuyǒng]

OUT OF ORDER 故障
[gùzhàng]

FLAMMABLE 易燃品
[yì rán pǐn]

FORBIDDEN 禁止
[jìnzhǐ]

NO TRESPASSING! 禁止通行
[jìnzhǐ tōng xíng]

WET PAINT 油漆未干
[yóuqī wèi gān]

CLOSED FOR RENOVATIONS 装修-暂停营业
[zhuāngxiū-zàntíng yíngyè]

WORKS AHEAD 前方施工
[qiánfāng shīgōng]

DETOUR 绕行
[rào xíng]

Transportation. General phrases

plane	飞机 [fēijī]
train	火车 [huǒchē]
bus	公交车 [gōngjiāo chē]
ferry	渡轮 [dùlún]
taxi	出租车 [chūzū chē]
car	汽车 [qìchē]
schedule	时刻表 [shíkè biǎo]
Where can I see the schedule?	在哪里可以看到时刻表？ [zài nǎlǐ kěyǐ kàn dào shíkè biǎo?]
workdays (weekdays)	工作日 [gōngzuòrì]
weekends	休息日 [xiūxírì]
holidays	节假日 [jiéjiàrì]
DEPARTURE	出发 [chūfā]
ARRIVAL	到达 [dàodá]
DELAYED	延迟 [yánchí]
CANCELED	取消 [qǔxiāo]
next (train, etc.)	下一班 [xià yī bān]
first	第一班 [dì yī bān]
last	最后一班 [zuìhòu yī bān]
When is the next ...?	下一班…是几点？ [xià yī bān ... shì jǐ diǎn?]
When is the first ...?	第一班…是几点？ [dì yī bān ... shì jǐ diǎn?]

When is the last ...?

最后一班···是几点？
[zuìhòu yī bān ... shì jǐ diǎn?]

transfer (change of trains, etc.)

换乘
[huàn chéng]

to make a transfer

换乘
[huàn chéng]

Do I need to make a transfer?

我中途需要换乘吗？
[wǒ zhōngtú xūyào huàn chéng ma?]

Buying tickets

Where can I buy tickets?	到哪里买票？ [dào nǎlǐ mǎi piào?]
ticket	票 [piào]
to buy a ticket	去买一张票 [qù mǎi yī zhāng piào]
ticket price	票价 [piào jià]
Where to?	到哪里？ [dào nǎlǐ?]
To what station?	到哪站？ [dào nǎ zhàn?]
I need ...	我要··· [wǒ yào …]
one ticket	1张票 [yì zhāng piào]
two tickets	2张票 [liǎng zhāng piào]
three tickets	3张票 [sān zhāng piào]
one-way	单程 [dānchéng]
round-trip	往返 [wǎngfǎn]
first class	一等座 [yī děng zuò]
second class	二等座 [èr děng zuò]
today	今天 [jīntiān]
tomorrow	明天 [míngtiān]
the day after tomorrow	后天 [hòutiān]
in the morning	上午 [shàngwǔ]
in the afternoon	中午 [zhōngwǔ]
in the evening	晚间 [wǎnjiān]

aisle seat

靠过道座位
[kào guòdào zuòwèi]

window seat

靠窗座位
[kào chuāng zuòwèi]

How much?

多少钱？
[duōshǎo qián?]

Can I pay by credit card?

我能用信用卡付款吗？
[wǒ néng yòng xìnyòngkǎ fùkuǎn ma?]

Bus

bus	公交车 [gōngjiāo chē]
intercity bus	长途客车 [chángtú kèchē]
bus stop	巴士站 [bāshì zhàn]
Where's the nearest bus stop?	最近的巴士站在哪里? [zuìjìn de bāshì zhàn zài nǎlǐ?]
number (bus ~, etc.)	号码 [hàomǎ]
Which bus do I take to get to …?	哪路公交车到…? [nǎ lù gōngjiāo chē dào … ?]
Does this bus go to …?	这个公交车到…吗? [zhège gōngjiāo chē dào … ma?]
How frequent are the buses?	这路公交车多长时间一趟? [zhè lù gōngjiāo chē duō cháng shíjiān yī tàng?]
every 15 minutes	15分钟一趟 [shíwǔ fēnzhōng yī tàng]
every half hour	半个小时一趟 [bàn gè xiǎoshíyī tàng]
every hour	每小时一趟 [měi xiǎoshí yī tàng]
several times a day	一天几趟 [yītiān jǐ tàng]
… times a day	一天…趟 [yītiān … tàng]
schedule	时刻表 [shíkè biǎo]
Where can I see the schedule?	在哪里可以看到时刻表? [zài nǎlǐ kěyǐ kàn dào shíkè biǎo?]
When is the next bus?	下班车几点到? [xiàbānchē jǐ diǎn dào?]
When is the first bus?	第一班车是几点? [dì yī bānchē shì jǐ diǎn?]
When is the last bus?	最后一班车是几点? [zuìhòu yī bān chē shì jǐ diǎn?]
stop	站 [zhàn]

next stop

下一站
[xià yí zhàn]

last stop (terminus)

上一站
[shàng yí zhàn]

Stop here, please.

请在这里停车。
[qǐng zài zhèlǐ tíngchē]

Excuse me, this is my stop.

不好意思，我要下车。
[bù hǎoyìsi, wǒ yào xià chē]

Train

train	火车 [huǒchē]
suburban train	市郊火车 [shìjiāo huǒchē]
long-distance train	长途列车 [chángtú lièchē]
train station	火车站 [huǒchē zhàn]
Excuse me, where is the exit to the platform?	请问，站台的出口在哪里？ [qǐngwèn, zhàntái de chūkǒu zài nǎlǐ?]
Does this train go to ...?	这个火车到…吗？ [zhège huǒchē dào ... ma?]
next train	下一趟火车 [xià yī tàng huǒchē]
When is the next train?	下趟火车是什么时候？ [xià tàng huǒchē shì shénme shíhòu?]
Where can I see the schedule?	在哪里可以看到时刻表？ [zài nǎlǐ kěyǐ kàn dào shíkè biǎo?]
From which platform?	在哪个站台？ [zài nǎge zhàntái?]
When does the train arrive in ...?	火车什么时候到达…？ [huǒchē shénme shíhòu dàodá ... ?]
Please help me.	请帮帮我。 [qǐng bāng bāng wǒ]
I'm looking for my seat.	我在找我的座位。 [wǒ zài zhǎo wǒ de zuòwèi]
We're looking for our seats.	我们在找我们的座位。 [wǒmen zài zhǎo wǒmen de zuòwèi]
My seat is taken.	我的座位被占了。 [wǒ de zuòwèi bèi zhànle]
Our seats are taken.	我们的座位被占了。 [wǒmen de zuòwèi bèi zhànle]
I'm sorry but this is my seat.	对不起，这是我的座位。 [duìbùqǐ, zhè shì wǒ de zuòwèi]
Is this seat taken?	这个位置有人坐吗？ [zhège wèizhì yǒurén zuò ma?]
May I sit here?	我能坐这里吗？ [wǒ néng zuò zhèlǐ ma?]

On the train. Dialogue (No ticket)

Ticket, please.

请出示你的车票。
[qǐng chūshì nǐ de jū piào]

I don't have a ticket.

我没有车票。
[wǒ méiyǒu chēpiào]

I lost my ticket.

我的车票丢了。
[wǒ de jū piào diūle]

I forgot my ticket at home.

我的车票忘在家里了。
[wǒ de jū piào wàng zài jiālǐle]

You can buy a ticket from me.

你可以从我这里买票。
[nǐ kěyǐ cóng wǒ zhèlǐ mǎi piào]

You will also have to pay a fine.

你还得交罚款。
[nǐ hái dé jiāo fákuǎn]

Okay.

好的。
[hǎo de]

Where are you going?

你要去哪里？
[nǐ yào qù nǎlǐ?]

I'm going to …

我要去…
[wǒ yào qù …]

How much? I don't understand.

多少钱？我不明白。
[duōshǎo qián? wǒ bù míngbái]

Write it down, please.

请写下来。
[qǐng xiě xiàlái]

Okay. Can I pay with a credit card?

好的。我能用信用卡支付吗？
[hǎo de. wǒ néng yòng
xìnyòngkǎ zhīfù ma?]

Yes, you can.

好的，可以。
[hǎo de, kěyǐ]

Here's your receipt.

这是您的收据。
[zhè shì nín de shōujù]

Sorry about the fine.

请您谅解罚款事宜。
[qǐng nín liàngjiě fákuǎn shìyí]

That's okay. It was my fault.

没关系。是我的错。
[méiguānxì. shì wǒ de cuò]

Enjoy your trip.

旅途愉快。
[lǚtú yúkuài]

Taxi

taxi
出租车
[chūzū chē]

taxi driver
出租车司机
[chūzū chē sījī]

to catch a taxi
叫出租车
[jiào chūzū chē]

taxi stand
出租车停车场
[chūzū chē tíngchē chǎng]

Where can I get a taxi?
我在哪里能乘坐出租车?
[wǒ zài nǎlǐ néng chéngzuò chūzū chē?]

to call a taxi
叫出租车
[jiào chūzū chē]

I need a taxi.
我需要一辆出租车。
[wǒ xūyào yī liàng chūzū chē]

Right now.
现在。
[xiànzài]

What is your address (location)?
您在什么位置?
[nín zài shénme wèizhì?]

My address is ...
我的地址是…
[wǒ dìdìzhǐshì …]

Your destination?
您要去哪儿?
[nín yào qù nǎ'er?]

Excuse me, ...
请问，…
[qǐngwèn, …]

Are you available?
您这是空车吗?
[nín zhè shì kōng chē ma?]

How much is it to get to ...?
到…多少钱?
[dào … duǒshǎo qián?]

Do you know where it is?
你知道这个地方在哪里吗?
[nǐ zhīdào zhège dìfāng zài nǎlǐ ma?]

Airport, please.
请到机场。
[qǐng dào jīchǎng]

Stop here, please.
请停在这里。
[qǐng tíng zài zhèlǐ]

It's not here.
不是这里。
[bùshì zhèlǐ]

This is the wrong address.
这地址不对。
[zhè dìzhǐ bùduì]

Turn left.
向左
[xiàng zuǒ]

Turn right.
向右
[xiàng yòu]

How much do I owe you?

我应该给您多少钱？
[wǒ yīnggāi gěi nín duōshǎo qián?]

I'd like a receipt, please.

请给我发票。
[qǐng gěi wǒ fāpiào]

Keep the change.

不用找了。
[bùyòng zhǎole]

Would you please wait for me?

请等我···
[qǐng děng wǒ …]

five minutes

5分钟
[wǔ fēnzhōng]

ten minutes

10分钟
[shí fēnzhōng]

fifteen minutes

15分钟
[shíwǔ fēnzhōng]

twenty minutes

20分钟
[èrshí fēnzhōng]

half an hour

半小时
[bàn xiǎoshí]

Hotel

Hello.
你好。
[nǐ hǎo]

My name is ...
我叫···
[wǒ jiào ...]

I have a reservation.
我已预定房间。
[wǒ yǐ yùdìng fángjiān]

I need ...
我需要···
[wǒ xūyào ...]

a single room
单人间
[dān rénjiān]

a double room
双人间
[shuāng rénjiān]

How much is that?
多少钱?
[duōshǎo qián?]

That's a bit expensive.
这个有点贵。
[zhège yǒudiǎn guì]

Do you have any other options?
你们还有其他房间吗?
[nǐmen hái yǒu qítā fángjiān ma?]

I'll take it.
我就订这个了。
[wǒ jiù dìng zhègele]

I'll pay in cash.
我付现金。
[wǒ fù xiànjīn]

I've got a problem.
我房间有点小问题。
[wǒ fángjiān yǒudiǎn xiǎo wèntí]

My ... is broken.
我房间里的···坏了。
[wǒ fángjiān lǐ de ... huàile]

My ... is out of order.
我房间里的···不好用了。
[wǒ fángjiān lǐ de ... bù hǎo yòngle]

TV
电视
[diànshì]

air conditioning
空调
[kòngtiáo]

tap
水龙头
[shuǐlóngtóu]

shower
淋浴
[línyù]

sink
洗手盆
[xǐshǒu pén]

safe
保险箱
[bǎoxiǎnxiāng]

door lock	门锁 [mén suǒ]
electrical outlet	插座 [chāzuò]
hairdryer	吹风筒 [chuīfēng tǒng]

I don't have ...	我的房间里没有… [wǒ de fángjiān lǐ méiyǒu …]
water	水 [shuǐ]
light	光 [guāng]
electricity	电 [diàn]

Can you give me ...?	你能给我…吗? [nǐ néng gěi wǒ … ma?]
a towel	一条毛巾 [yītiáo máojīn]
a blanket	一条毛毯 [yītiáo máotǎn]
slippers	一双拖鞋 [yīshuāng tuōxié]
a robe	一件浴衣 [yī jiàn yùyī]
shampoo	一些洗发水 [yīxiē xǐ fà shuǐ]
soap	一块肥皂 [yīkuài féizào]

I'd like to change rooms.	我想换个房间。 [wǒ xiǎng huàngè fángjiān]
I can't find my key.	我找不到自己的钥匙。 [wǒ zhǎo bù dào zìjǐ de yàoshi]
Could you open my room, please?	请帮我打开房间。 [qǐng bāng wǒ dǎkāi fángjiān]
Who's there?	谁啊? [shuí a?]
Come in!	进来。 [jìnlái]
Just a minute!	稍等! [shāo děng!]
Not right now, please.	请稍等。 [qǐng shāo děng]

Come to my room, please.	请到我的房间来。 [qǐng dào wǒ de fángjiān lái]
I'd like to order food service.	我想订餐。 [wǒ xiǎng dìngcān]
My room number is ...	我的房间号码是… [wǒ de fángjiān hàomǎ shì …]

I'm leaving …	我乘车离开…
	[wǒ chéng chē líkāi …]
We're leaving …	我们乘车离开…
	[wǒmen chéng chē líkāi …]
right now	现在
	[xiànzài]
this afternoon	今天下午
	[jīntiān xiàwǔ]
tonight	今天晚上
	[jīntiān wǎnshàng]
tomorrow	明天
	[míngtiān]
tomorrow morning	明天上午
	[míngtiān shàngwǔ]
tomorrow evening	明天晚上
	[míngtiān wǎnshàng]
the day after tomorrow	后天
	[hòutiān]

I'd like to pay.	我想结账。
	[wǒ xiǎng jiézhàng]
Everything was wonderful.	一切都很好。
	[yīqiè dōu hěn hǎo]
Where can I get a taxi?	我在哪里能乘坐出租车？
	[wǒ zài nǎlǐ néng chéngzuò chūzū chē?]
Would you call a taxi for me, please?	您能帮我叫一辆出租车吗？
	[nín néng bāng wǒ jiào yī liàng chūzū chē ma?]

Restaurant

Can I look at the menu, please?

我能看一下菜单吗？
[wǒ néng kàn yīxià càidān ma?]

Table for one.

一人桌。
[yīrén zhuō]

There are two (three, four) of us.

我们一共两个（三个，四个）人。
[wǒmen yīgòng liǎng gè
(sān gè, sì gè) rén]

Smoking

吸烟区
[xīyān qū]

No smoking

非吸烟区
[fēi xīyān qū]

Excuse me! (addressing a waiter)

劳驾！
[láojià!]

menu

菜单
[càidān]

wine list

酒类一览表
[jiǔ lèi yīlǎnbiǎo]

The menu, please.

请给我菜单。
[qǐng gěi wǒ càidān]

Are you ready to order?

您要点菜了吗？
[nín yàodiǎn càile ma?]

What will you have?

您要点什么？
[nín yàodiǎn shénme?]

I'll have ...

我想点…
[wǒ xiǎng diǎn …]

I'm a vegetarian.

我吃素。
[wǒ chīsù]

meat

肉
[ròu]

fish

鱼
[yú]

vegetables

蔬菜
[shūcài]

Do you have vegetarian dishes?

你们餐厅供应素食餐吗？
[nǐmen cāntīng gōngyìng sùshí cān ma?]

I don't eat pork.

我不吃猪肉。
[wǒ bù chī zhūròu]

He /she/ doesn't eat meat.

他 /她/ 不吃肉。
[tā bù chī ròu]

I am allergic to ...

我对…过敏。
[wǒ duì ... guòmǐn]

Would you please bring me ...

请给我…
[qǐng gěi wǒ ...]

salt | pepper | sugar

盐 | 胡椒粉 | 糖
[yán | hújiāo fěn | táng]

coffee | tea | dessert

咖啡 | 茶 | 甜点
[kāfēi | chá | tiándiǎn]

water | sparkling | plain

水 | 汽水 | 无气
[shuǐ | qìshuǐ | wú qì]

a spoon | fork | knife

一个汤匙 | 叉 | 刀
[yīgè tāngchí | chā | dāo]

a plate | napkin

一个 盘子 | 餐巾
[yīgè pánzi | cānjīn]

Enjoy your meal!

祝您用餐愉快！
[zhù nín yòngcān yúkuài!]

One more, please.

请再来一些。
[qǐng zàilái yīxiē]

It was very delicious.

这个非常好吃。
[zhège fēicháng hào chī]

---

check | change | tip

结账 | 找零 | 小费
[jiézhàng | zhǎo líng | xiǎofèi]

Check, please.
(Could I have the check, please?)

请买单。
[qǐng mǎidān]

Can I pay by credit card?

我能用信用卡付款吗？
[wǒ néng yòng xìnyòngkǎ fùkuǎn ma?]

I'm sorry, there's a mistake here.

对不起，这里有错误。
[duìbùqǐ, zhè li yǒu cuòwù]

Shopping

Can I help you?
您需要帮助吗?
[nín xūyào bāngzhù ma?]

Do you have ...?
您有…吗?
[nín yǒu … ma?]

I'm looking for ...
我在找…
[wǒ zài zhǎo …]

I need ...
我需要…
[wǒ xūyào …]

I'm just looking.
我只是看看。
[wǒ zhǐshì kàn kàn]

We're just looking.
我们只是看看。
[wǒmen zhǐshì kàn kàn]

I'll come back later.
我一会回来。
[wǒ yī huǐ huílái]

We'll come back later.
我们一会再来。
[wǒmen yī huǐ zàilái]

discounts | sale
折扣 | 出售
[zhékòu | chūshòu]

Would you please show me ...
请给我看看…
[qǐng gěi wǒ kàn kàn …]

Would you please give me ...
请给我…
[qǐng gěi wǒ …]

Can I try it on?
我能试一下这个吗?
[wǒ néng shì yīxià zhège ma?]

Excuse me, where's the fitting room?
请问，哪里有试衣间?
[qǐngwèn, nǎ li yǒu shì yī jiān?]

Which color would you like?
你想要哪个颜色?
[nǐ xiǎng yào nǎge yánsè?]

size | length
尺寸 | 长度
[chǐcùn | chángdù]

How does it fit?
合身吗?
[héshēn ma?]

How much is it?
多少钱?
[duōshǎo qián?]

That's too expensive.
太贵了。
[tài guìle]

I'll take it.
我买了。
[wǒ mǎile]

Excuse me, where do I pay?
请问，在哪里付款?
[qǐngwèn, zài nǎlǐ fùkuǎn?]

Will you pay in cash or credit card?

您是现今还是信用卡支付？
[nín shì xiànjīn háishì xìnyòngkǎ zhīfù?]

In cash | with credit card

用现金　｜　用信用卡
[yòng xiànjīn | yòng xìnyòngkǎ]

Do you want the receipt?

您需要收据吗？
[nín xūyào shōujù ma?]

Yes, please.

要，谢谢。
[yào, xièxiè]

No, it's OK.

不用，没关系。
[bùyòng, méiguānxì]

Thank you. Have a nice day!

谢谢。祝您愉快！
[xièxiè. zhù nín yúkuài!]

In town

Excuse me, please.	请问，··· [qǐngwèn, …]
I'm looking for …	我在找··· [wǒ zài zhǎo …]
the subway	地铁 [dìtiě]
my hotel	我的旅店 [wǒ de lǚdiàn]
the movie theater	电影院 [diànyǐngyuàn]
a taxi stand	出租车候车处 [chūzū chē hòuchē chù]
an ATM	银行取款机 [yínháng qǔkuǎn jī]
a foreign exchange office	外汇兑换 [wàihuì duìhuàn]
an internet café	网吧 [wǎngbā]
… street	···街 [… jiē]
this place	这个地方 [zhège dìfāng]
Do you know where … is?	您知道···在哪里吗? [nín zhīdào…zài nǎlǐ ma?]
Which street is this?	这条街道叫什么名字? [zhè tiáo jiēdào jiào shénme míngzì?]
Show me where we are right now.	告诉我我们现在的位置。 [gàosù wǒ wǒmen xiànzài de wèizhì.]
Can I get there on foot?	我能走路去那里吗? [wǒ néng zǒulù qù nàlǐ ma?]
Do you have a map of the city?	您有城市地图吗? [nín yǒu chéngshì dìtú ma?]
How much is a ticket to get in?	门票多少钱? [ménpiào duōshǎo qián?]
Can I take pictures here?	能在这里照相吗? [néng zài zhèlǐ zhàoxiàng ma?]
Are you open?	你们开业了吗? [nǐmen kāiyèle ma?]

When do you open?

几点开业?
[jǐ diǎn kāiyè?]

When do you close?

几点歇业?
[jǐ diǎn xiēyè?]

Money

money	钱 [qián]
cash	现金 [xiànjīn]
paper money	纸币 [zhǐbì]
loose change	零钱 [língqián]
check | change | tip	结账 ｜ 找零 ｜ 小费 [jiézhàng | zhǎo líng | xiǎofèi]
credit card	信用卡 [xìnyòngkǎ]
wallet	钱包 [qiánbāo]
to buy	去买 [qù mǎi]
to pay	去支付 [qù zhīfù]
fine	罚款 [fákuǎn]
free	免费 [miǎnfèi]
Where can I buy ...?	在哪里能买到…? [zài nǎlǐ néng mǎi dào … ?]
Is the bank open now?	银行现在开门了吗? [yínháng xiànzài kāiménle ma?]
When does it open?	什么时候开门? [shénme shíhòu kāimén?]
When does it close?	什么时候关门? [shénme shíhòu guānmén?]
How much?	多少钱? [duōshǎo qián?]
How much is this?	这个多少钱? [zhège duōshǎo qián?]
That's too expensive.	太贵了。 [tài guìle]
Excuse me, where do I pay?	请问，在哪里付款? [qǐngwèn, zài nǎlǐ fùkuǎn?]
Check, please.	请结账。 [qǐng jiézhàng]

Can I pay by credit card?	我能用信用卡付款吗？ [wǒ néng yòng xìnyòngkǎ fùkuǎn ma?]
Is there an ATM here?	这里有银行取款机吗？ [zhè li yǒu yínháng qǔkuǎn jī ma?]
I'm looking for an ATM.	我在找银行取款机。 [wǒ zài zhǎo yínháng qǔkuǎn jī]

I'm looking for a foreign exchange office.	我在找外汇兑换除。 [wǒ zài zhǎo wàihuì duìhuàn chú]
I'd like to change …	我想兑换··· [wǒ xiǎng duìhuàn …]
What is the exchange rate?	汇率是多少？ [huìlǜ shì duōshǎo?]
Do you need my passport?	需要我的护照吗？ [xūyào wǒ de hùzhào ma?]

Time

What time is it?	几点了？ [jǐ diǎnle?]
When?	什么时候？ [shénme shíhòu?]
At what time?	几点？ [jǐ diǎn?]
now | later | after …	现在 ｜ 以后 ｜ 在…之后 [xiànzài | yǐhòu | zài … zhīhòu]

one o'clock	一点整 [yīdiǎn zhěng]
one fifteen	一点十五分 [yīdiǎn shíwǔ fēn]
one thirty	一点半 [yīdiǎn bàn]
one forty-five	一点四十五分 [yīdiǎn sìshíwǔ fēn]

ono | two | three	一 ｜ 二 ｜ 三 [yī | er | sān]
four | five | six	四 ｜ 五 ｜ 六 [sì | wǔ | liù]
seven | eight | nine	七 ｜ 八 ｜ 九 [qī | bā | jiǔ]
ten | eleven | twelve	十 ｜ 十一 ｜ 十二 [shí | shí yī | shí'èr]

in …	在…之内 [zài … zhī nèi]
five minutes	5分钟 [wǔ fēnzhōng]
ten minutes	10分钟 [shí fēnzhōng]
fifteen minutes	15分钟 [shíwǔ fēnzhōng]
twenty minutes	20分钟 [èrshí fēnzhōng]

half an hour	半小时 [bàn xiǎoshí]
an hour	一个小时 [yīgè xiǎoshí]

in the morning	上午 [shàngwǔ]
early in the morning	清晨 [qīngchén]
this morning	今天上午 [jīntiān shàngwǔ]
tomorrow morning	明天上午 [míngtiān shàngwǔ]

at noon	在中午 [zài zhōngwǔ]
in the afternoon	在下午 [zài xiàwǔ]
in the evening	在晚上 [zài wǎnshàng]
tonight	今天晚上 [jīntiān wǎnshàng]

at night	在半夜 [zài bànyè]
yesterday	昨天 [zuótiān]
today	今天 [jīntiān]
tomorrow	明天 [míngtiān]
the day after tomorrow	后天 [hòutiān]

What day is it today?	今天是星期几？ [jīntiān shì xīngqí jǐ?]
It's ...	今天是… [jīntiān shì…]
Monday	星期一 [xīngqí yī]
Tuesday	星期二 [xīngqí'èr]
Wednesday	星期三 [xīngqísān]

Thursday	星期四 [xīngqísì]
Friday	星期五 [xīngqíwǔ]
Saturday	星期六 [xīngqíliù]
Sunday	星期天 [xīngqítiān]

Greetings. Introductions

Hello.
您好。
[nín hǎo]

Pleased to meet you.
很高兴见到您。
[hěn gāoxìng jiàn dào nín]

Me too.
我也是。
[wǒ yěshì]

I'd like you to meet ...
给您介绍一下，这是…
[gěi nín jièshào yīxià, zhè shì ...]

Nice to meet you.
很高兴认识您。
[hěn gāoxìng rènshí nín]

How are you?
你好吗？
[nǐ hǎo ma?]

My name is ...
我叫…
[wǒ jiào ...]

His name is ...
他叫…
[tā jiào ...]

Her name is ...
她叫…
[tā jiào ...]

What's your name?
您叫什么名字？
[nín jiào shénme míngzi?]

What's his name?
他叫什么名字？
[tā jiào shénme míngzì?]

What's her name?
她叫什么名字？
[tā jiào shénme míngzì?]

What's your last name?
您姓什么？
[nín xìng shénme?]

You can call me ...
您可以叫我…
[nín kěyǐ jiào wǒ ...]

Where are you from?
您来自哪里？
[nín láizi nǎlǐ?]

I'm from ...
我来自…
[wǒ láizì ...]

What do you do for a living?
您是做什么的？
[nín shì zuò shénme de?]

Who is this?
这是谁？
[zhè shì shuí?]

Who is he?
他是谁？
[tā shì shuí?]

Who is she?
她是谁？
[tā shì shuí?]

Who are they?
他们是谁？
[tāmen shì shuí?]

This is ...	这是···
	[zhè shì ...]
my friend (masc.)	我的朋友
	[wǒ de péngyǒu]
my friend (fem.)	我的朋友
	[wǒ de péngyǒu]
my husband	我的丈夫
	[wǒ de zhàngfū]
my wife	我的妻子
	[wǒ de qīzi]

my father	我的父亲
	[wǒ de fùqīn]
my mother	我的母亲
	[wǒ de mǔqīn]
my brother	我的哥哥 ｜ 我的弟弟
	[wǒ dí gēgē ｜ wǒ de dì dì]
my sister	我的姐姐 ｜ 我的妹妹
	[wǒ de jiějiě ｜ wǒ de mèimei]
my son	我的儿子
	[wǒ de érzi]
my daughter	我的女儿
	[wǒ de nǚ'ér]

This is our son.	这是我们的儿子。
	[zhè shì wǒmen de érzi]
This is our daughter.	这是我们的女儿。
	[zhè shì wǒmen de nǚ'ér]
These are my children.	这是我的孩子们。
	[zhè shì wǒ de háizimen]
These are our children.	这是我们的孩子们。
	[zhè shì wǒmen de háizimen]

Farewells

Good bye!	再见！ [zàijiàn!]
Bye! (inform.)	拜拜！ [bàibài!]
See you tomorrow.	明天见。 [míngtiān jiàn]
See you soon.	一会见。 [yī huǐ jiàn]
See you at seven.	7点见。 [qī diǎn jiàn]
Have fun!	玩的开心！ [wán de kāixīn!]
Talk to you later.	以后再聊。 [yǐhòu zài liáo]
Have a nice weekend.	周末愉快。 [zhōumò yúkuài]
Good night.	晚安。 [wǎn'ān]
It's time for me to go.	我得走了。 [wǒ dé zǒuliǎo]
I have to go.	我要走了。 [wǒ yào zǒuliǎo]
I will be right back.	我马上回来。 [wǒ mǎshàng huílái]
It's late.	已经很晚了。 [yǐjīng hěn wǎnle]
I have to get up early.	我要早起。 [wǒ yào zǎoqǐ]
I'm leaving tomorrow.	我明天就走了。 [wǒ míngtiān jiù zǒuliǎo]
We're leaving tomorrow.	我们明天就走了。 [wǒmen míngtiān jiù zǒuliǎo]
Have a nice trip!	旅途愉快！ [lǚtú yúkuài!]
It was nice meeting you.	很高兴认识你。 [hěn gāoxìng rènshí nǐ]
It was nice talking to you.	很高兴与你聊天。 [hěn gāoxìng yǔ nǐ liáotiān]
Thanks for everything.	谢谢你为我做的一切。 [xièxiè nǐ wèi wǒ zuò de yīqiè]

I had a very good time.

我过的非常开心。
[wǒguò de fēicháng kāixīn]

We had a very good time.

我们过的非常开心。
[wǒmenguò de fēicháng kāixīn]

It was really great.

真的太棒了。
[zhēn de tài bàngle]

I'm going to miss you.

我会想念你的。
[wǒ huì xiǎngniàn nǐ de]

We're going to miss you.

我们会想念你的。
[wǒmen huì xiǎngniàn nǐ de]

Good luck!

祝你好运！
[zhù nǐ hǎo yùn!]

Say hi to …

代我向···问好
[dài wǒ xiàng … wènhǎo]

Foreign language

I don't understand.	我没听懂。 [wǒ méi tīng dǒng]
Write it down, please.	请您把它写下来，好吗？ [qǐng nín bǎ tā xiě xiàlái, hǎo ma?]
Do you speak ...?	您能说…？ [nín néng shuō ... ?]
I speak a little bit of ...	我会一点点… [wǒ huì yī diǎndiǎn ...]
English	英语 [yīngyǔ]
Turkish	土耳其语 [tǔ'ěrqí yǔ]
Arabic	阿拉伯语 [ālābó yǔ]
French	法语 [fǎyǔ]
German	德语 [déyǔ]
Italian	意大利语 [yìdàlì yǔ]
Spanish	西班牙语 [xībānyá yǔ]
Portuguese	葡萄牙语 [pútáoyá yǔ]
Chinese	汉语 [hànyǔ]
Japanese	日语 [rìyǔ]
Can you repeat that, please.	请再说一遍。 [qǐng zàishuō yībiàn]
I understand.	我明白了。 [wǒ míngbáile]
I don't understand.	我没听懂。 [wǒ méi tīng dǒng]
Please speak more slowly.	请说慢一点。 [qǐng shuō màn yī diǎn]
Is that correct? (Am I saying it right?)	对吗？ [duì ma?]
What is this? (What does this mean?)	这是什么？ [zhè shì shénme?]

Apologies

Excuse me, please.
请原谅。
[qǐng yuánliàng]

I'm sorry.
我很抱歉。
[wǒ hěn bàoqiàn]

I'm really sorry.
我真的很抱歉。
[wǒ zhēn de hěn bàoqiàn]

Sorry, it's my fault.
对不起，这是我的错。
[duìbùqǐ, zhè shì wǒ de cuò]

My mistake.
我的错。
[wǒ de cuò]

May I ...?
我可以···吗？
[wǒ kěyǐ ... ma?]

Do you mind if I ...?
如果我···，您不会反对吧？
[rúguǒ wǒ ... , nín bù huì fǎnduì ba?]

It's OK.
没事。
[méishì]

It's all right.
一切正常。
[yīqiè zhèngcháng]

Don't worry about it.
不用担心。
[bùyòng dānxīn]

Agreement

Yes.
是的。
[shì de]

Yes, sure.
是的，当然。
[shì de, dāngrán]

OK (Good!)
好的
[hǎo de]

Very well.
非常好。
[fēicháng hǎo]

Certainly!
当然。
[dāngrán]

I agree.
我同意。
[wǒ tóngyì]

That's correct.
对。
[duì]

That's right.
正确。
[zhèngquè]

You're right.
你是对的。
[nǐ shì duì de]

I don't mind.
我不介意。
[wǒ bù jièyì]

Absolutely right.
完全正确。
[wánquán zhèngquè]

It's possible.
这有可能。
[zhè yǒu kěnéng]

That's a good idea.
这是个好主意。
[zhè shìgè hǎo zhǔyì]

I can't say no.
我无法拒绝。
[wǒ wúfǎ jùjué]

I'd be happy to.
我很乐意。
[wǒ hěn lèyì]

With pleasure.
非常愿意。
[fēicháng yuànyì]

Refusal. Expressing doubt

No.	不 [bù]
Certainly not.	当然不。 [dāngrán bù]
I don't agree.	我不同意。 [wǒ bù tóngyì]
I don't think so.	我不这么认为。 [wǒ bù zhème rènwéi]
It's not true.	这不是真的。 [zhè bùshì zhēn de]
You are wrong.	您错了。 [nín cuòle]
I think you are wrong.	我觉得您错了。 [wǒ juédé nín cuòle]
I'm not sure.	我不确定。 [wǒ bù quèdìng]
It's impossible.	这不可能。 [zhè bù kěnéng]
Nothing of the kind (sort)!	不行！ [bùxíng!]
The exact opposite.	恰恰相反。 [qiàqià xiāngfǎn]
I'm against it.	我反对。 [wǒ fǎnduì]
I don't care.	我不在乎。 [wǒ bùzàihū]
I have no idea.	我一点都不知道。 [wǒ yī diǎn dōu bù zhīdào]
I doubt that.	我表示怀疑。 [wǒ biǎoshì huáiyí]
Sorry, I can't.	对不起，我不能。 [duìbùqǐ, wǒ bùnéng]
Sorry, I don't want to.	对不起，我不想。 [duìbùqǐ, wǒ bùxiǎng]
Thank you, but I don't need this.	谢谢，我不需要。 [xièxiè, wǒ bù xūyào]
It's late.	已经很晚了。 [yǐjīng hěn wǎnle]

I have to get up early.

我要早起。
[wǒ dé zǎoqǐ]

I don't feel well.

我感觉不太好。
[wǒ gǎnjué bù tài hǎo]

Expressing gratitude

Thank you.	谢谢。 [xièxiè]
Thank you very much.	多谢。 [duōxiè]
I really appreciate it.	非常感谢。 [fēicháng gǎnxiè]
I'm really grateful to you.	我真的非常感谢您。 [wǒ zhēn de fēicháng gǎnxiè nín]
We are really grateful to you.	我们真的非常感谢您。 [wǒmen zhēn de fēicháng gǎnxiè nín]
Thank you for your time.	感谢您百忙之中抽出时间。 [gǎnxiè nín bǎi máng zhī zhōng chōuchū shíjiān]
Thanks for everything.	谢谢你为我做的一切。 [xièxiè nǐ wèi wǒ zuò de yīqiè]
Thank you for ...	谢谢··· [xièxiè ...]
your help	您的帮助 [nín de bāngzhù]
a nice time	一段美好的时光 [yīduàn měihǎo de shíguāng]
a wonderful meal	一顿美味佳肴 [yī dùn měiwèi jiāyáo]
a pleasant evening	一个美好的夜晚 [yīgè měihǎo de yèwǎn]
a wonderful day	精彩的一天 [jīngcǎi de yītiān]
an amazing journey	一个精彩的旅程 [yīgè jīngcǎi de lǚchéng]
Don't mention it.	不值一提。 [bù zhí yī tí]
You are welcome.	不用谢。 [bùyòng xiè]
Any time.	随时效劳。 [suíshí xiàoláo]
My pleasure.	这是我的荣幸。 [zhè shì wǒ de róngxìng]

Forget it. It's alright.

别放心上。
[bié fàngxīn shàng]

Don't worry about it.

不用担心。
[bùyòng dānxīn]

Congratulations. Best wishes

Congratulations!

恭喜你！
[gōngxǐ nǐ!]

Happy birthday!

生日快乐！
[shēngrì kuàilè!]

Merry Christmas!

圣诞愉快！
[shèngdàn yúkuài!]

Happy New Year!

新年快乐！
[xīnnián kuàilè!]

Happy Easter!

复活节快乐！
[fùhuó jié kuàilè!]

Happy Hanukkah!

光明节快乐！
[guāngmíng jié kuàilè!]

I'd like to propose a toast.

我提议干杯。
[wǒ tíyì gānbēi]

Cheers!

干杯！
[gānbēi!]

Let's drink to ...!

让我们为…干杯！
[ràng wǒmen wèi... gānbēi!]

To our success!

为我们的胜利干杯！
[wèi wǒmen de shènglì gānbēi!]

To your success!

为您的成功干杯！
[wèi nín de chénggōng gānbēi!]

Good luck!

祝你好运！
[zhù nǐ hǎo yùn!]

Have a nice day!

祝您愉快！
[zhù nín yúkuài!]

Have a good holiday!

祝你假期愉快！
[zhù nǐ jiàqī yúkuài!]

Have a safe journey!

祝您旅途平安！
[zhù nín lǚtú píng'ān!]

I hope you get better soon!

希望你能尽快好起来！
[xīwàng nǐ néng jǐnkuài hǎo qǐlái!]

Socializing

Why are you sad?	为什么那样悲伤啊？ [wèishéme nàyàng bēishāng a?]
Smile! Cheer up!	笑一笑！ [xiào yīxiào!]
Are you free tonight?	你今晚有空吗？ [nǐ jīn wǎn yǒu kòng ma?]
May I offer you a drink?	我能请你喝一杯吗？ [wǒ néng qǐng nǐ hè yībēi ma?]
Would you like to dance?	你想跳舞吗？ [nǐ xiǎng tiàowǔ ma?]
Let's go to the movies.	一起去看电影好吗？ [yīqǐ qù kàn diànyǐng hǎo ma?]
May I invite you to …?	我能请你···吗？ [wǒ néng qǐng nǐ … ma?]
a restaurant	吃饭 [chīfàn]
the movies	看电影 [kàn diànyǐng]
the theater	去剧院 [qù jùyuàn]
go for a walk	散步 [sànbù]
At what time?	几点？ [jǐ diǎn?]
tonight	今天晚上 [jīntiān wǎnshàng]
at six	6 点 [liù diǎn]
at seven	7 点 [qī diǎn]
at eight	8 点 [bā diǎn]
at nine	9 点 [jiǔ diǎn]
Do you like it here?	你喜欢这里吗？ [nǐ xǐhuān zhèlǐ ma?]
Are you here with someone?	你和谁在这里吗？ [nǐ hé shuí zài zhèlǐ ma?]
I'm with my friend.	我和我的朋友。 [wǒ hé wǒ de péngyǒu]

I'm with my friends.

我和我的朋友们。
[wǒ hé wǒ de péngyǒumen]

No, I'm alone.

不，就我自己。
[bù, jiù wǒ zìjǐ]

Do you have a boyfriend?

你有男朋友吗？
[nǐ yǒu nán péngyǒu ma?]

I have a boyfriend.

我有男朋友。
[wǒ yǒu nán péngyǒu]

Do you have a girlfriend?

你有女朋友吗？
[nǐ yǒu nǚ péngyǒu ma?]

I have a girlfriend.

我有女朋友。
[wǒ yǒu nǚ péngyǒu]

Can I see you again?

我能再见到你吗？
[wǒ néng zàijiàn dào nǐ ma?]

Can I call you?

我能给你打电话吗？
[wǒ néng gěi nǐ dǎ diànhuà ma?]

Call me. (Give me a call.)

给我打电话。
[gěi wǒ dǎ diànhuà]

What's your number?

你的电话号码是多少？
[nǐ de diànhuà hàomǎ shì duōshǎo?]

I miss you.

我想你。
[wǒ xiǎng nǐ]

You have a beautiful name.

你的名字真好听。
[nǐ de míngzì zhēn hǎotīng]

I love you.

我爱你。
[wǒ ài nǐ]

Will you marry me?

你愿意嫁给我吗？
[nǐ yuànyì jià gěi wǒ ma?]

You're kidding!

您在开玩笑！
[nín zài kāiwánxiào!]

I'm just kidding.

我只是开玩笑。
[wǒ zhǐ shì kāiwánxiào]

Are you serious?

您是认真的？
[nín shì rènzhēn de?]

I'm serious.

我认真的。
[wǒ rènzhēn de]

Really?!

真的吗？
[zhēn de ma?]

It's unbelievable!

不可思议！
[bùkěsīyì!]

I don't believe you.

我不相信你。
[wǒ bù xiāngxìn nǐ]

I can't.

我不能。
[wǒ bùnéng]

I don't know.

我不知道。
[wǒ bù zhīdào]

I don't understand you.

我不明白你的意思。
[wǒ bù míngbái nǐ de yìsi]

Please go away.

请你走开。
[qǐng nǐ zǒu kāi]

Leave me alone!

别管我！
[biéguǎn wǒ!]

I can't stand him.

我不能忍受他。
[wǒ bùnéng rěnshòu tā]

You are disgusting!

您真恶心！
[nín zhēn ěxīn!]

I'll call the police!

我要叫警察了！
[wǒ yào jiào jǐngchále!]

Sharing impressions. Emotions

I like it.
我喜欢它。
[wǒ xǐhuān tā]

Very nice.
很可爱。
[hěn kě'ài]

That's great!
那太棒了！
[nà tài bàngle!]

It's not bad.
这不错。
[zhè bùcuò]

I don't like it.
我不喜欢它。
[wǒ bù xǐhuān tā]

It's not good.
这不好。
[zhè bù hǎo]

It's bad.
这不好。
[zhè bù hǎo]

It's very bad.
这非常不好。
[zhè fēicháng bù hǎo]

It's disgusting.
这个很恶心。
[zhège hěn ěxīn]

I'm happy.
我很开心。
[wǒ hěn kāixīn]

I'm content.
我很满意。
[wǒ hěn mǎnyì]

I'm in love.
我恋爱了。
[wǒ liàn'àile]

I'm calm.
我很冷静。
[wǒ hěn lěngjìng]

I'm bored.
我很无聊。
[wǒ hěn wúliáo]

I'm tired.
我累了。
[wǒ lèile]

I'm sad.
我很伤心。
[wǒ hěn shāngxīn]

I'm frightened.
我很害怕。
[wǒ hěn hàipà]

I'm angry.
我生气了。
[wǒ shēngqìle]

I'm worried.
我很担心。
[wǒ hěn dānxīn]

I'm nervous.
我很紧张。
[wǒ hěn jǐnzhāng]

I'm jealous. (envious)

我很羡慕。
[wǒ hěn xiànmù]

I'm surprised.

我很惊讶。
[wǒ hěn jīngyà]

I'm perplexed.

我很尴尬。
[wǒ hěn gāngà]

Problems. Accidents

I've got a problem.
我有麻烦了。
[wǒ yǒu máfanle]

We've got a problem.
我们有麻烦了。
[wǒmen yǒu máfanle]

I'm lost.
我迷路了。
[wǒ mílùle]

I missed the last bus (train).
我错过了最后一班公交车（火车）。
[wǒ cuòguòle zuìhòu yī bān gōngjiāo chē (huǒchē)]

I don't have any money left.
我没钱了。
[wǒ méi qiánle]

I've lost my ...
我的…丢了。
[wǒ de ... diūle]

Someone stole my ...
我的…被偷了。
[wǒ de ... bèi tōule]

passport
护照
[hùzhào]

wallet
钱包
[qiánbāo]

papers
文件
[wénjiàn]

ticket
机票
[jīpiào]

money
钱
[qián]

handbag
包
[bāo]

camera
照相机
[zhàoxiàngjī]

laptop
笔记本电脑
[bǐjìběn diànnǎo]

tablet computer
平板电脑
[píngbǎn diànnǎo]

mobile phone
手机
[shǒujī]

Help me!
帮帮我！
[bāng bāng wǒ!]

What's happened?
发生什么事了？
[fāshēng shénme shìle?]

fire   火灾
[huǒzāi]

shooting   枪击
[qiāngjī]

murder   谋杀
[móushā]

explosion   爆炸
[bàozhà]

fight   打架
[dǎjià]

Call the police!   请叫警察！
[qǐng jiào jǐngchá!]

Please hurry up!   请快点！
[qǐng kuài diǎn!]

I'm looking for the police station.   我在找警察局。
[wǒ zài zhǎo jǐngchá jú]

I need to make a call.   我需要打个电话。
[wǒ xūyào dǎ gè diànhuà]

May I use your phone?   我能用一下你的电话吗？
[wǒ néng yòng yīxià nǐ de diànhuà ma?]

I've been ...   我被…了。
[wǒ bèi ... le]

mugged   抢劫
[qiǎngjié]

robbed   偷
[tōu]

raped   强奸
[qiángjiān]

attacked (beaten up)   袭击
[xíjī]

Are you all right?   您没事吧？
[nín méishì ba?]

Did you see who it was?   你有没有看到是谁？
[nǐ yǒu méiyǒu kàn dào shì shuí?]

Would you be able to recognize the person?   你能认出那个人吗？
[nǐ néng rèn chū nàgè rén ma?]

Are you sure?   你确定？
[nǐ quèdìng?]

Please calm down.   请冷静。
[qǐng lěngjìng]

Take it easy!   冷静！
[lěngjìng!]

Don't worry!   不用担心！
[bùyòng dānxīn!]

Everything will be fine.   一切都会好的。
[yīqiè dūhuì hǎo de]

Everything's all right.   一切正常。
[yīqiè zhèngcháng]

Come here, please.

请到这里来。
[qǐng dào zhèlǐ lái]

I have some questions for you.

我有一些问题要问您。
[wǒ yǒu yīxiē wèntí yào wèn nín]

Wait a moment, please.

请等一下。
[qǐng děng yīxià]

Do you have any I.D.?

您有证件吗？
[nín yǒu zhèngjiàn ma?]

Thanks. You can leave now.

谢谢。您可以走了。
[xièxiè. nín kěyǐ zǒuliǎo]

Hands behind your head!

把手放在头上！
[bǎshǒu fàng zài tóu shàng!]

You're under arrest!

你被捕了！
[nǐ bèi bǔle!]

Health problems

Please help me.	请帮帮我。 [qǐng bāng bāng wǒ]
I don't feel well.	我感觉不舒服。 [wǒ gǎnjué bú shūfú]
My husband doesn't feel well.	我丈夫不舒服。 [wǒ zhàngfū bú shūfú]
My son ...	我儿子… [wǒ érzi …]
My father ...	我爸爸… [wǒ bàba …]

My wife doesn't feel well.	我妻子不舒服。 [wǒ qīzi bú shūfú]
My daughter ...	我女儿… [wǒ nǚ'ér …]
My mother ...	我妈妈… [wǒ māmā …]

I've got a ...	我…痛。 [wǒ … tòng]
headache	头 [tóu]
sore throat	嗓子 [sǎngzi]
stomach ache	胃 [wèi]
toothache	牙 [yá]

I feel dizzy.	我头晕。 [wǒ tóuyūn]
He has a fever.	他发烧了。 [tā fāshāole]
She has a fever.	她发烧了。 [tā fāshāole]
I can't breathe.	我呼吸困难。 [wǒ hūxī kùnnán]

I'm short of breath.	我快不能呼吸了。 [wǒ kuài bùnéng hūxīle]
I am asthmatic.	我有哮喘。 [wǒ yǒu xiāochuǎn]
I am diabetic.	我有糖尿病。 [wǒ yǒu tángniàobìng]

I can't sleep.　　　　　　　我失眠。
　　　　　　　　　　　　　[wǒ shīmián]

food poisoning　　　　　　食物中毒。
　　　　　　　　　　　　　[shíwù zhòngdú]

It hurts here.　　　　　　　这里疼。
　　　　　　　　　　　　　[zhèlǐ téng]

Help me!　　　　　　　　　救命！
　　　　　　　　　　　　　[jiùmìng!]

I am here!　　　　　　　　我在这儿！
　　　　　　　　　　　　　[wǒ zài zhè'er!]

We are here!　　　　　　　我们在这！
　　　　　　　　　　　　　[wǒmen zài zhè!]

Get me out of here!　　　　让我离开这里！
　　　　　　　　　　　　　[ràng wǒ líkāi zhèlǐ!]

I need a doctor.　　　　　　我需要医生。
　　　　　　　　　　　　　[wǒ xūyào yīshēng]

I can't move.　　　　　　　我动不了。
　　　　　　　　　　　　　[wǒ dòng bùliǎo]

I can't move my legs.　　　　我的腿动不了。
　　　　　　　　　　　　　[wǒ de tuǐ dòng bùliǎo]

I have a wound.　　　　　　我受伤了。
　　　　　　　　　　　　　[wǒ shòushāngle]

Is it serious?　　　　　　　很严重吗？
　　　　　　　　　　　　　[hěn yánzhòng ma?]

My documents are in my pocket.　我的文件在口袋里。
　　　　　　　　　　　　　[wǒ de wénjiàn zài kǒudài lǐ]

Calm down!　　　　　　　　冷静！
　　　　　　　　　　　　　[lěngjìng!]

May I use your phone?　　　我能用一下你的电话吗？
　　　　　　　　　　　　　[wǒ néng yòng yīxià nǐ de diànhuà ma?]

Call an ambulance!　　　　　叫救护车！
　　　　　　　　　　　　　[jiào jiùhù chē!]

It's urgent!　　　　　　　　很着急！
　　　　　　　　　　　　　[hěn zhāojí!]

It's an emergency!　　　　　非常紧急！
　　　　　　　　　　　　　[fēicháng jǐnjí!]

Please hurry up!　　　　　　请快点！
　　　　　　　　　　　　　[qǐng kuài diǎn!]

Would you please call a doctor?　请叫医生。
　　　　　　　　　　　　　[qǐng jiào yīshēng]

Where is the hospital?　　　医院在哪里？
　　　　　　　　　　　　　[yīyuàn zài nǎlǐ?]

How are you feeling?　　　　您感觉怎么样？
　　　　　　　　　　　　　[nín gǎnjué zěnme yàng?]

Are you all right?　　　　　您没事吧？
　　　　　　　　　　　　　[nín hái hǎo ba?]

What's happened?　　　　　发生什么事了？
　　　　　　　　　　　　　[fāshēng shénme shìle?]

I feel better now.

我好多了。
[wǒ hǎoduōle]

It's OK.

没事。
[méishì]

It's all right.

已经好了。
[yǐjīng hǎole]

At the pharmacy

pharmacy (drugstore)	药店 [yàodiàn]
24-hour pharmacy	24四小时药店 [èrshí sì xiǎoshí yàodiàn]
Where is the closest pharmacy?	最近的药店在哪里？ [zuìjìn di yàodiàn zài nǎlǐ?]
Is it open now?	现在营业吗？ [xiànzài yíngyè ma?]
At what time does it open?	几点开门？ [jǐ diǎn kāimén?]
At what time does it close?	几点关门？ [jǐ diǎn guānmén?]
Is it far?	那里远吗？ [nàlǐ yuǎn ma?]
Can I get there on foot?	我能走路去那里吗？ [wǒ néng zǒulù qù nàlǐ ma?]
Can you show me on the map?	能在地图上指出来吗？ [néng zài dìtú shàng zhǐchū lái ma?]
Please give me something for ...	请给我治…的药。 [qǐng gěi wǒ zhì … di yào]
a headache	头疼 [tóuténg]
a cough	咳嗽 [késòu]
a cold	感冒 [gǎnmào]
the flu	流感 [liúgǎn]
a fever	发烧 [fāshāo]
a stomach ache	胃疼 [wèi téng]
nausea	恶心 [èxīn]
diarrhea	腹泻 [fùxiè]
constipation	便秘 [biànmì]

pain in the back	背痛 [bèi tòng]
chest pain	胸痛 [xiōngtòng]
side stitch	岔气 [chàqì]
abdominal pain	腹痛 [fùtòng]
pill	药片，药丸 [yàopiàn, yàowán]
ointment, cream	软膏，霜 [ruǎngāo, shuāng]
syrup	糖浆 [tángjiāng]
spray	喷雾 [pēnwù]
drops	滴液 [dī yè]
You need to go to the hospital.	你需要去医院。 [nǐ xūyào qù yīyuàn]
health insurance	医疗保险 [yīliáo bǎoxiǎn]
prescription	处方 [chǔfāng]
insect repellant	驱虫剂 [qū chóng jì]
Dand Aid	创可贴 [chuàngkětiē]

The bare minimum

Excuse me, ...
请问，…
[qǐngwèn, …]

Hello.
你好。 | 你们好。
[nǐ hǎo | nǐmen hǎo]

Thank you.
谢谢。
[xièxiè]

Good bye.
再见。
[zàijiàn]

Yes.
是的。
[shì de]

No.
不
[bù]

I don't know.
我不知道。
[wǒ bù zhīdào]

Where? | Where to? | When?
哪里？ | 到哪里？ | 什么时候？
[nǎlǐ? | dào nǎlǐ? | shénme shíhòu?]

I need ...
我需要…
[wǒ xūyào …]

I want ...
我想要…
[wǒ xiǎng yào …]

Do you have ...?
您有…吗？
[nín yǒu … ma?]

Is there a ... here?
这里有…吗？
[zhè li yǒu … ma?]

May I ...?
我可以…吗？
[wǒ kěyǐ … ma?]

..., please (polite request)
请
[qǐng]

I'm looking for ...
我在找…
[wǒ zài zhǎo …]

restroom
休息室
[xiūxí shì]

ATM
银行取款机
[yínháng qǔkuǎn jī]

pharmacy (drugstore)
药店
[yàodiàn]

hospital
医院
[yīyuàn]

police station
警察局
[jǐngchá jú]

subway
地铁
[dìtiě]

taxi	出租车 [chūzū chē]
train station	火车站 [huǒchē zhàn]

My name is ...	我叫··· [wǒ jiào ...]
What's your name?	您叫什么名字？ [nín jiào shénme míngzì?]
Could you please help me?	请帮助我。 [qǐng bāngzhù wǒ]
I've got a problem.	我有麻烦了。 [wǒ yǒu máfanle]
I don't feel well.	我感觉不舒服。 [wǒ gǎnjué bú shūfú]
Call an ambulance!	叫救护车！ [jiào jiùhù chē!]
May I make a call?	我可以打个电话吗？ [wǒ kěyǐ dǎ gè diànhuà ma?]

I'm sorry.	对不起。 [duìbùqǐ]
You're welcome.	不客气。 [bù kèqì]

I, me	我 [wǒ]
you (inform.)	你 [nǐ]
he	他 [tā]
she	她 [tā]
they (masc.)	他们 [tāmen]
they (fem.)	她们 [tāmen]
we	我们 [wǒmen]
you (pl)	你们 [nǐmen]
you (sg, form.)	您 [nín]

ENTRANCE	入口 [rùkǒu]
EXIT	出口 [chūkǒu]
OUT OF ORDER	故障 [gùzhàng]
CLOSED	关门 [guānmén]

OPEN

开门
[kāimén]

FOR WOMEN

女士专用
[nǚshì zhuānyòng]

FOR MEN

男士专用
[nánshì zhuānyòng]

MINI DICTIONARY

This section contains 250 useful words required for everyday communication. You will find the names of months and days of the week here. The dictionary also contains topics such as colors, measurements, family, and more

T&P Books Publishing

DICTIONARY CONTENTS

T&P Books Publishing

time	时间	shí jiān
hour	小时	xiǎo shí
half an hour	半小时	bàn xiǎo shí
minute	分钟	fēn zhōng
second	秒	miǎo

today (adv)	今天	jīn tiān
tomorrow (adv)	明天	míng tiān
yesterday (adv)	昨天	zuó tiān

Monday	星期一	xīng qī yī
Tuesday	星期二	xīng qī èr
Wednesday	星期三	xīng qī sān
Thursday	星期四	xīng qī sì
Friday	星期五	xīng qī wǔ
Saturday	星期六	xīng qī liù
Sunday	星期天	xīng qī tiān

day	白天	bái tiān
working day	工作日	gōng zuò rì
public holiday	节日	jié rì
weekend	周末	zhōu mò

week	星期	xīng qī
last week (adv)	上星期	shàng xīng qī
next week (adv)	次周	cì zhōu

| in the morning | 在上午 | zài shàng wǔ |
| in the afternoon | 在下午 | zài xià wǔ |

| in the evening | 在晚上 | zài wǎn shang |
| tonight (this evening) | 今晚 | jīn wǎn |

| at night | 夜间 | yè jiān |
| midnight | 午夜 | wǔ yè |

January	一月	yī yuè
February	二月	èr yuè
March	三月	sān yuè
April	四月	sì yuè
May	五月	wǔ yuè
June	六月	liù yuè

| July | 七月 | qī yuè |
| August | 八月 | bā yuè |

September	九月	jiǔ yuè
October	十月	shí yuè
November	十一月	shí yī yuè
December	十二月	shí èr yuè

in spring	在春季	zài chūn jì
in summer	在夏天	zài xià tiān
in fall	在秋季	zài qiū jì
in winter	在冬季	zài dōng jì

month	月，月份	yuè, yuèfèn
season (summer, etc.)	季节	jì jié
year	年	nián

2. Numbers. Numerals

0 zero	零	líng
1 one	一	yī
2 two	二	èr
3 three	三	sān
4 four	四	sì

5 five	五	wǔ
6 six	六	liù
7 seven	七	qī
8 eight	八	bā
9 nine	九	jiǔ
10 ten	十	shí

11 eleven	十一	shí yī
12 twelve	十二	shí èr
13 thirteen	十三	shí sān
14 fourteen	十四	shí sì
15 fifteen	十五	shí wǔ

16 sixteen	十六	shí liù
17 seventeen	十七	shí qī
18 eighteen	十八	shí bā
19 nineteen	十九	shí jiǔ

20 twenty	二十	èrshí
30 thirty	三十	sānshí
40 forty	四十	sìshí
50 fifty	五十	wǔshí

60 sixty	六十	liùshí
70 seventy	七十	qīshí
80 eighty	八十	bāshí
90 ninety	九十	jiǔshí
100 one hundred	一百	yī bǎi

200 two hundred	两百	liǎng bǎi
300 three hundred	三百	sān bǎi
400 four hundred	四百	sì bǎi
500 five hundred	五百	wǔ bǎi

600 six hundred	六百	liù bǎi
700 seven hundred	七百	qī bǎi
800 eight hundred	八百	bā bǎi
900 nine hundred	九百	jiǔ bǎi
1000 one thousand	一千	yī qiān

| 10000 ten thousand | 一万 | yī wàn |
| one hundred thousand | 十万 | shí wàn |

| million | 百万 | bǎi wàn |
| billion | 十亿 | shíyì |

3. Humans. Family

man (adult male)	男人	nán rén
young man	年轻男士	nián qīng nán shì
woman	女人	nǚ rén
girl (young woman)	姑娘	gū niang
old man	老先生	lǎo xiān sheng
old woman	老妇人	lǎo fù rén

mother	母亲	mǔ qīn
father	父亲	fù qīn
son	儿子	ér zi
daughter	女儿	nǚ ér

parents	父母	fù mǔ
child	孩子	hái zi
children	孩子们	hái zi men
stepmother	继母	jì mǔ
stepfather	继父	jì fù

grandmother	姥姥	lǎo lao
grandfather	爷爷	yé ye
grandson	孙子	sūn zi
granddaughter	孙女	sūn nǚ
grandchildren	孙子们	sūn zi men

uncle	姑爹	gū diē
aunt	姑妈	gū mā
nephew	侄子	zhí zi
niece	侄女	zhí nǚ

| wife | 妻子 | qī zi |
| husband | 老公 | lǎo gōng |

married (masc.)	结婚的	jié hūn de
married (fem.)	结婚的	jié hūn de
widow	寡妇	guǎ fu
widower	鳏夫	guān fū
name (first name)	名字	míng zi
surname (last name)	姓	xìng
relative	亲戚	qīn qi
friend (masc.)	朋友	péngyou
friendship	友谊	yǒu yì
partner	搭档	dā dàng
colleague	同事	tóng shì
neighbors	邻居们	lín jū men

4. Human body

body	身体	shēntǐ
heart	心，心脏	xīn, xīn zàng
blood	血	xuè
brain	脑	nǎo
bone	骨头	gǔtou
spine (backbone)	脊柱	jǐ zhù
rib	肋骨	lèi gǔ
lungs	肺	fèi
skin	皮肤	pí fū
head	头	tóu
face	脸，面孔	liǎn, miàn kǒng
nose	鼻子	bí zi
forehead	前额	qián é
cheek	脸颊	liǎn jiá
mouth	口，嘴	kǒu, zuǐ
tongue	舌，舌头	shé, shé tou
tooth	牙，牙齿	yá, yá chǐ
lips	唇	chún
chin	颏	kē
ear	耳朵	ěr duo
neck	颈	jǐng
eye	眼	yǎn
pupil	瞳孔	tóng kǒng
eyebrow	眉毛	méi mao
eyelash	睫毛	jié máo
hair	头发	tóu fa
hairstyle	发型	fà xíng

mustache	胡子	hú zi
beard	胡须	hú xū
to have (a beard, etc.)	蓄着	xù zhuó
bald (adj)	秃头的	tū tóu de

hand	手	shǒu
arm	胳膊	gēbo
finger	手指	shǒu zhǐ
nail	指甲	zhǐ jia
palm	手掌	shǒu zhǎng

shoulder	肩膀	jiān bǎng
leg	腿	tuǐ
knee	膝，膝盖	xī, xī gài
heel	后跟	hòu gēn
back	背	bèi

5. Clothing. Personal accessories

clothes	服装	fú zhuāng
coat (overcoat)	大衣	dà yī
fur coat	皮大衣	pí dà yī
jacket (e.g., leather ~)	茄克衫	jiā kè shān
raincoat (trenchcoat, etc.)	雨衣	yǔ yī

shirt (button shirt)	衬衫	chèn shān
pants	裤子	kù zi
suit jacket	西服上衣	xī fú shàng yī
suit	套装	tào zhuāng

dress (frock)	连衣裙	lián yī qún
skirt	裙子	qún zi
T-shirt	T恤	T xù
bathrobe	浴衣	yù yī
pajamas	睡衣	shuì yī
workwear	工作服	gōng zuò fú

underwear	内衣	nèi yī
socks	短袜	duǎn wà
bra	乳罩	rǔ zhào
pantyhose	连裤袜	lián kù wà
stockings (thigh highs)	长筒袜	cháng tǒng wà
bathing suit	游泳衣	yóu yǒng yī

hat	帽子	mào zi
footwear	鞋类	xié lèi
boots (cowboy ~)	靴子	xuē zi
heel	鞋后跟	xié hòu gēn
shoestring	鞋带	xié dài
shoe polish	鞋油	xié yóu

gloves	手套	shǒu tào
mittens	连指手套	lián zhǐ shǒu tào
scarf (muffler)	围巾	wéi jīn
glasses (eyeglasses)	眼镜	yǎn jìng
umbrella	雨伞	yǔ sǎn

tie (necktie)	领带	lǐng dài
handkerchief	手帕	shǒu pà
comb	梳子	shū zi
hairbrush	梳子	shū zi

buckle	皮带扣	pí dài kòu
belt	腰带	yāo dài
purse	女手提包	nǚ shǒutí bāo

6. House. Apartment

apartment	公寓	gōng yù
room	房间	fáng jiān
bedroom	卧室	wòshì
dining room	餐厅	cān tīng

living room	客厅	kè tīng
study (home office)	书房	shū fáng
entry room	入口空间	rù kǒu kōng jiān
bathroom (room with a bath or shower)	浴室	yù shì
half bath	卫生间	wèi shēng jiān

vacuum cleaner	吸尘器	xī chén qì
mop	拖把	tuō bǎ
dust cloth	拭尘布	shì chén bù
short broom	扫帚	sào zhǒu
dustpan	簸箕	bò ji

furniture	家具	jiā jù
table	桌子	zhuō zi
chair	椅子	yǐ zi
armchair	扶手椅	fú shǒu yǐ

mirror	镜子	jìng zi
carpet	地毯	dìtǎn
fireplace	壁炉	bì lú
drapes	窗帘	chuāng lián
table lamp	台灯	tái dēng
chandelier	枝形吊灯	zhī xíng diào dēng

kitchen	厨房	chú fáng
gas stove (range)	煤气炉	méi qì lú
electric stove	电炉	diàn lú

microwave oven	微波炉	wēi bō lú
refrigerator	冰箱	bīng xiāng
freezer	冷冻室	lěng dòng shì
dishwasher	洗碗机	xǐ wǎn jī
faucet	水龙头	shuǐ lóng tóu
meat grinder	绞肉机	jiǎo ròu jī
juicer	榨汁机	zhà zhī jī
toaster	烤面包机	kǎo miàn bāo jī
mixer	搅拌机	jiǎo bàn jī
coffee machine	咖啡机	kāfēi jī
kettle	开水壶	kāi shuǐ hú
teapot	茶壶	chá hú
TV set	电视机	diàn shì jī
VCR (video recorder)	录像机	lù xiàng jī
iron (e.g., steam ~)	熨斗	yùn dǒu
telephone	电话	diàn huà